AF336387

INTRODUCTION

AUX ÉCRITS POLITIQUES

DU

PRINCE HENRY DE VALORI

PAR

M. LAURENTIE.

PARIS

AMYOT, LIBRAIRE-ÉDITEUR, RUE DE LA PAIX, 8.

1865

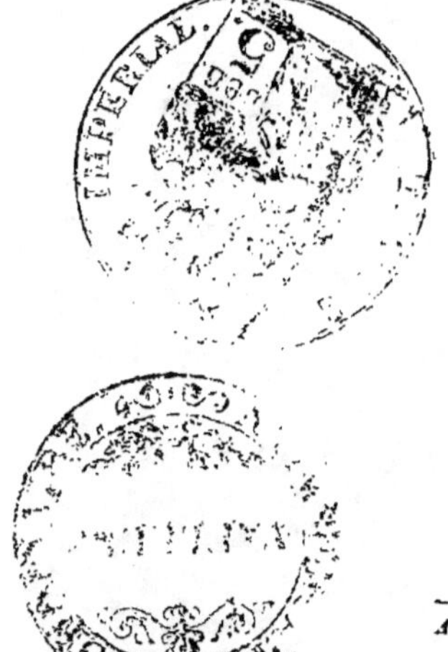

Avignon, typ. de Fr. Seguin ainé.

INTRODUCTION.

M. le prince Henry de Valori s'est jeté jeune dans nos luttes politiques. J'ai aimé ses débuts ; j'y trouvais un élan que la jeunesse n'a plus ; j'y trouvais de la foi, et de l'enthousiasme , double contraste avec la médiocrité raisonneuse des écrits qui sont le plus populaires dans les temps sceptiques.

Le nom de Valori était pour moi un souvenir. La Restauration avait compté parmi ses heureux génies de poëtes le marquis de Valori ; il chantait ce que nous défendions , la religion et la royauté, les souvenirs et les espérances ; son Ode sur la naissance du Duc de Bordeaux avait fait couler bien des larmes ; et puis il charmait ses loisirs par des études d'érudit ; il s'était voué à Pétrarque (1) ; on ne

---

(1) Dans sa réunion du 20 novembre , le Conseil Municipal de Vaucluse a voté à l'unanimité l'érection d'un monument à la mémoire de Henri Zozime , des princes de Fiesole , marquis de Valori , le chantre, l'historien et le commentateur de Pétrarque. L'exécution de ce monument qui s'élèvera dans le vallon même et près des eaux chantées par l'immortel toscan a été confié à M Véray, l'auteur de la statue de Crillon.

saurait dire ce qu'il a groupé de recherches autour de ce nom aimé des poëtes : en même temps il traduisait en vers brillants et pleins de grâce le poëme de Sannazar sur l'Enfantement de la Vierge. Esprit rare, mais caché dans la modestie du foyer, il fut de ceux qui ne poursuivent point la gloire parce qu'ils sentent en eux tout ce qui la donne.

Henry de Valori méritait de rappeler son père, en s'attachant à toutes les causes que son père avait honorées.

Une chose me frappa dans ses premiers écrits, ce fut une expérience prématurée des affaires humaines, avec une certaine sûreté de jugement sur les événements et sur les secrets des diplomaties ; mérite rare sous une plume de jeune homme, vive, prompte, alerte, un peu passionnée, et je ne m'en plains pas ; n'était-ce pas l'indice d'une vocation heureuse pour les choses de la politique?

J'ai suivi avec émotion tous ses travaux, et je les trouverai avec joie recueillis dans un même volume.

Au temps surtout où nous sommes, l'homme politique qui écrit un livre met à découvert toute sa vie. Aussi faut-il admirer ceux dont la vie réalise dans un ensemble d'idées cette belle vérité conseillée par les poétiques : *Simplex dumtaxat et unum*.

M. de Valori s'est déclaré dès le début défenseur de la société politique que sappent les révolutions. C'est plus que de la vaillance, c'est du désintéressement et de l'abnégation.

Dans cette lutte en effet, l'écrivain marche seul avec sa conscience et sa foi. Il défend la société contr'elle-même plus encore que contre ses aggresseurs; il défend les royautés qui ne veulent pas être défendues; il défend le droit public; il défend ce qui est juste; il défend ce qui est faible, c'est-à-dire tout ce que le monde livre aux aventures : n'est-ce pas faire de sa vie un combat que ne devra pas couronner la victoire?

Telle est la triste condition de la lutte politique au temps présent : l'écrivain voué aux monarchies combat pour l'honneur ; les monarchies lui interdisent de croire au succès.

C'est, dit-on, que la Révolution est une force irrésistible; n'est-il pas superflu de la combattre? Les monarques jugent plus habile de lui céder.

La Révolution est une force, il est vrai ; mais elle n'est irrésistible que parce qu'elle n'est pas combattue.

La Révolution depuis 80 ans n'a vaincu que les pouvoirs qui ne se sont pas défendus. Avons-nous vu quelque part l'exemple d'une lutte? Tout a péri, parce que tout a voulu périr.

C'est le caractère des grandes décadences : on croit que ce sont des puissances nouvelles qui montent ; ce sont les vieilles puissances qui descendent.

« Vouloir, c'est pouvoir, » disait en son premier éclat de génie ce malheureux Lamennais, tombé lui-même pour avoir cédé à la Révolution, au lieu de soutenir sa première lutte avec elle. Non pas que le *vouloir* suffise , s'il n'est pas éclairé par une raison suprême, mais le *vouloir* juste est le *pouvoir* maître; il n'y a de *vouloir* impuissant que celui qui est arbitraire.

Aussi dans la défaillance des pouvoirs de l'époque présente, il est beau de voir une légion de fidèles, obstinés à les défendre lorsqu'eux-mêmes s'abandonnent et se précipitent. « Lorsque la vérité est abandonnée et persécutée, disait Pascal en des temps meilleurs, il semble que ce soit un temps où le service que l'on rend à Dieu en le défendant, lui est bien agréable. Il veut que nous jugions de la grâce par la nature, et ainsi il permet de considérer que , comme un prince chassé de son pays par ses sujets a des tendresses extrêmes pour ceux qui lui demeurent fidèles dans la révolte publique, de même il semble que Dieu considère avec bonté particulière ceux qui défendent la pureté de la religion, quand elle est combattue. »

Belles paroles, et qui peuvent servir d'encouragement aux luttes présentes pour l'Église comme pour les rois, pour la pureté de la religion comme pour l'intégrité des droits publics. Hors de là tout risque d'être déception et chimère.

Je l'ai dit en d'autres rencontres, et je le dirai encore : l'écrivain fidèle n'a point à attendre l'assentiment ni le secours des pouvoirs publics; qu'il en attende plutôt la défaveur. Les pouvoirs , je parle des pouvoirs légitimes, ne veulent pas de défense ; la fidélité les importune , le courage les offense, l'abnégation les irrite, ils ne croient ni au désintéressement , ni à l'affection ; ils ne sont touchés que de la servilité, et parfois même ils n'ont une haute idée que de la lâcheté et des trahisons.

Est-ce à dire que l'écrivain politique engage sa vie dans une lutte qui sera stérile? A Dieu ne plaise! La lutte morale est toujours salutaire, même quand elle n'est pas couronnée. Que la violence ici-bas soit souvent maîtresse , il n'est que trop vrai ; mais qu'importe si la conscience humaine est toujours vengée? La religion qui commande la soumission s'arme d'anathêmes contre les oppresseurs, et l'Église en honorant les martyrs , maudit les tyrans et les bourreaux.

Non ! la lutte n'est point vaine , car elle est un témoignage de foi et un exemple de courage; et puisque les livres sont aujourd'hui toute la lutte, saluons avec honneur ceux qui ont pour objet la défense du droit et la glorification de la vertu.

Celui-ci mérite d'être accueilli à ce double titre. Il renferme des écrits déjà publiés, mais qu'on relira avec le plaisir de la surprise, parce qu'on y verra la conjecture plus d'une fois réalisée par l'événement.

M. Henry de Valori a depuis 1859 suivi les mouvements de l'Europe, en les devançant par le raisonnement et souvent par la prévision. Je ne veux pas le dire prophète; mais il a mis de la logique dans l'appréciation des actes de la politique, en les mettant en regard des principes qui auraient dû leur être une règle; et la logique ainsi appliquée aux affaires humaines peut ressembler à de la prophétie.

Les événements d'Italie ont surtout occupé la pensée de M. de Valori. Il avait, par les liens personnels qui l'attachent au grand-duc de Toscane, une raison particulière de suivre et de combattre la Révolution qui se levait avec le dessein arrêté de le déposséder avec tous les autres. Mais la personnalité s'est effacée devant l'intérêt général d l'Italie; c'est ce qui donne une opportunité subsistante à des écrits consacrés à défendre des principes de droit qui ne sauraient mourir.

Le point de départ de M. de Valori a été que l'unité de l'Italie était une utopie; et en regard de la diversité des peuples et de l'indépendance des Principautés, il montrait l'unité centrale de la Papauté, lien des intérêts et lumière des âmes, condition admirable d'une fédération naturelle, qui seule répond aux besoins, aux mœurs et aux traditions de l'Italie; et cette théorie c'était comme l'histoire elle-même, c'était un cri du bon sens, c'était enfin toute la signification du traité de Villafranca.

Cet écrit garde toute l'importance d'une thèse de droit politique que ne saurait altérer la violence des faits accomplis.

Remarquez que M. de Valori appuyait sa thèse sur le droit temporel de l'Église, légitimité auguste, que la Révolution ne saurait atteindre sans ébranler du même coup toutes les légitimités ; et rien à cet égard n'a été ajouté depuis à l'éclat et à la hardiesse des démonstrations de l'écrivain. « Le contrat primitif, disait-il, avec les peuples, le droit d'hérédité, le droit de conquête, sont autant de titres légitimes qui établissent la souveraineté ! Fait unique : tous ces titres sont réunis pour constituer la légitimité du patrimoine de Saint Pierre.

« Après Joseph de Maistre, Pagi, Thomassin, Muratori, et surtout le célèbre cardinal Orsi, qui semble avoir épuisé la matière, il y a témérité à faire l'historique du pouvoir temporel ; toutefois à l'appui de notre thèse, nous allons exposer les faits principaux qui attestent le suffrage des peuples, la volonté des empereurs romains, environnant, dès l'origine, la chaire de Saint Pierre du prestige du pouvoir terrestre. »

Vous le voyez, la thèse était largement posée, et elle n'a rien perdu de son opportunité. Plus la légitimité du pouvoir du Pape est menacée, plus il importe d'en montrer l'origine, la nature et les bienfaits. Pour les athées rien n'est populaire comme de renverser le Pape, c'est une thèse de Révolution pure. Mais la question de droit politique subsiste, c'est à savoir si le Pape, considéré au simple point de vue humain, n'est pas par la nature de son pouvoir et de sa fonction la plus haute expression de la liberté de tous les peuples, et si l'Italie, en particulier, après que le Pape serait renversé, ne s'en irait pas d'elle-même mourir sous les pieds d'une dictature athée. La thèse de M. de Valori ouvrait cette effroyable perspective : les faits l'ont rendue plus éclatante et plus sinistre.

Toutefois M. de Valori mêlait l'espérance à la logique, et il disait : « La Papauté porte un bouclier invisible, qui repousse les coups des impies. Ceux-ci passeront comme l'eau du torrent, et elle demeurera comme la parole du divin maître, comme ce sceptre éternel dont parle le roi-prophète : » Ils périront, mais vous, vous demeurerez ; tous ils vieilliront comme un vêtement, vous les changerez comme on change un habit usé, et ils feront place à d'autres ; mais vous, vous êtes toujours le même, et vos années ne passeront point. Les fils de vos serviteurs leur succéderont sur cette terre, et leur postérité la plus reculée y sera régie par votre sceptre divin ». (1)

Beau langage sous cette plume de jeune homme ! on eût dit un reflet de la poésie de son père.

Puis venait un écrit d'un autre caractère, c'était un coup-d'œil très-intéressant et très-neuf sur la situation particulière de la maison de Lorraine, dans ce travail systématique de dépossession des Princes d'Italie. La défense personnelle de l'archiduc Ferdinand avait quelque chose de touchant : ce n'était plus seulement le publiciste, c'était l'ad-

____

(1) Ps ci. 27, 28, 29.

mirateur et c'était l'ami qui portait la parole pour des princes qu'il avait vus de près à leur gouvernement paternel ; et cette défense méritera de rester dans les monuments de la fidélité contemporaine.

Un écrit plus considérable eut pour titre : *Autriche* et *Piémont*. Il faut à un français dans nos temps de passion ou de prévention nationale, une grande fermeté de justice pour parler de l'Autriche sans faiblesse et sans injure. M. Henry de Valori a eu cette fermeté, il l'a eue jusqu'à l'indulgence. Mais aussi il avait à mettre en regard de l'Autriche, empire rival, le Piémont, type d'infidélité et de perfidie depuis Louis XIII ; nul tableau ne pouvait mieux faire sentir les égarements de la politique française dans ces derniers temps ; c'est une étude, qui survivra à la confusion des crises que nous traversons.

Dans ce tableau un épisode est pittoresque.

« L'Insurrection populaire de 1821, dit M. de Valori, avait forcé Charles Albert de Savoie-Carignan à quitter Turin, où il avait conspiré contre son roi. Gendre du grand-duc de Toscane Ferdinand III, il s'était retiré avec sa famille à Florence, où l'hospitalité la plus généreuse lui avait été offerte. Un jour, le feu prend au Pogge-Imperiale, et la flamme, faisant de rapides progrès, envahit les appartements royaux. Dans une chambre du palais repose un enfant auprès de sa nourrice. A la vue de l'incendie la nourrice perd la tête ; déjà la fumée obscurcit l'appartement et menace l'existence de l'enfant, lorsqu'un homme enfonce la porte, et se précipitant au milieu des flammes, il enlève l'enfant dans ses bras et lui sauve la vie. Cet homme s'appelait Léopold de Lorraine, archiduc d'Autriche; cet enfant, Victor-Emmanuel de Savoie-Carignan, le même qui, il y a quelques jours, entrait triomphalement au palais Pitti, dans la capitale usurpée de celui, qui, à la fois son oncle, son bienfaiteur et son sauveur, l'avait arraché à la mort, au péril de ses jours. »

Tel est l'épisode : le drame caractérise toute la politique entre le Piémont et l'Autriche. Dans les révolutions, qui ne le sait? il n'y a plus de parenté, ni de gratitude, ni de souvenirs; mais il y a parfois des contrastes de réaction: croire à la Providence, c'est attendre l'heure propice à l'expiation des perfidies.

Tout cet écrit est remarquable. Les Révolutions du Piémont y sont jugées avec indépendance; le blâme des actes y est sévère, le blâme des personnes y est contenu; la pensée de l'écrivain se porte vers l'Autriche, et c'est vers l'Autriche qu'il incline la France. Les raisons de sa politique se résument en peu de mots :

« L'Autriche est avec nous, dit-il, le seul grand empire catholique; seule, parmi les quatre puissances, elle est en communion avec nous. La religion est le cœur des nations, et si, un jour, la France, écrasant l'esprit de révolte et bâillonnant la Révolution , cessait d'inspirer de l'appréhension aux peuples, qui ne demandent que le repos et la tranquillité sous le sceptre de leurs rois, cette communauté de foi ne serait pas invoquée en vain dans une alliance contre les ennemis de notre gloire nationale et de notre grandeur militaire. »

L'alliance de la France et de l'Autriche! Je ne dis pas, c'est l'idée fixe, je dis, c'est l'idée raisonnée, qui domine dans tous les écrits du brillant publiciste

Et pour cela , il sera juste de lire avec un redoublement de soin l'écrit qui a pour titre: *L'Autriche et la situation actuelle.* Si ce n'est qu'un doute, peut-être, viendra à l'esprit sur la pratique même de cette alliance , quelle que soit la puissance des raisons d'état qui la rendent la plus plausible. C'est qu'il y a des situations publiques qui font naître des difficultés là où la théorie ne découvre pas d'objections. Si l'Europe était gouvernée en vertu des principes qui doivent, dans les temps réglés présider à la conduite des peuples , les alliances se feraient d'elles-mêmes entre les États que rapproche la communauté des idées, des intérêts et de la foi; et dans cette heureuse hypothèse, l'alliance la plus naturelle serait en effet cette alliance que sollicite M. de Valori entre l'Autriche et la France, double force à la fois prépondérante contre l'ambition des grands États , et protectrice de la faiblesse des petits; systême d'où sortirait apparemment un imposant équilibre dans une association chrétienne de tous les peuples ; beau rêve enfin, mais digne seulement d'une époque où le droit chrétien compterait pour quelque chose dans la constitution politique de l'Europe et du monde.

Quoi qu'il en soit, les raisons du publiciste sont de celles que doivent surtout connaître et méditer les politiques qui, en des affaires si hautes, craignent que la prévention ou l'antipathie n'obscurcisse le bon sens et la justice.

« Je ne me suis pas dissimulé, disait M. de Valori en ce plaidoyer pour l'Autriche, combien était ingrate la tâche que je m'étais proposée. Il est difficile de faire revenir l'opinion de ses égarements incompréhensibles.... Quelques-uns s'imagineront peut-être que l'opiniâtreté ou la reconnaissance ont inspiré ma plume. Je ne dois rien à l'Autriche ; mais je dois à ma conscience de catholique, de français et d'homme d'ordre, de guerroyer selon mes forces pour la justice et le triomphe des principes éternels sur lesquels repose l'édifice ébranlé des institutions humaines et de l'Europe monarchique. »

Et n'était-ce pas là un langage de chevalerie chrétienne ? Heureux l'écrivain moins épris de la popularité que de la justice, et intrépide à heurter les opinions, les préjugés, et surtout les haines que ne justifie ni la raison d'État, ni l'équité, ni la convenance !

Et que d'écrits encore ! et tous dérivant du droit

chrétien, seul principe d'ordre dans les États ! Il en est qui imposent à mon suffrage de la discrétion ; car j'y trouve mon nom prononcé avec une indulgence que l'affection explique pour moi, mais ne motivera pas pour autrui.

Qu'il suffise de dire que dans tous vous trouverez la liberté politique des peuples défendue en même temps que le droit légitime des États.

M. de Valori, ai-je dit, a touché à toutes les grandes questions qui ont depuis dix ans remué et passionné le monde : Rome, Venise, la Hongrie, l'Unité Allemande, la Pologne, les Duchés, la Scandinavie, la Grèce, le Mexique, les États-Unis, tout a passé par son examen, et toujours la lumière catholique a guidé sa raison dans la confusion des événements et des controverses.

Ne faut-il pas admirer une telle fermeté de jugement lorsque les idées sont en plein chaos ! Voyez : les principes de droit public sont évanouis, altérés ou violés dans toute l'Europe ! La doctrine matérialiste des faits accomplis a partout faussé l'idée morale des obligations mutuelles des gouvernements ! Quels hommages ne sont donc pas dus aux rares écrivains, appliqués à ramener la politique aux notions précises qu'elle devait au christianisme, et qui, supérieures aux violences de l'usurpation et de la guerre, s'imposaient aux forts et aux victorieux, donnaient la force aux traités, et assuraient la liberté des faibles et des vaincus ?

Entre ces écrivains, sentinelles de la société et

des pouvoirs publics, il m'était doux de voir Henry de Valori prendre, dès son début, un rang d'honneur par l'éclatante décision de ses idées, et par la netteté lumineuse de leur expression. On eût pu d'abord s'attendre à de la fougue ; mais en un moment la maturité s'était hâtée ; le jeune écrivain d'hier est aujourd'hui un publiciste fait pour les grands combats, et supérieur aux encouragements de ceux qu'il appelle ses maîtres.

« C'est souvent, avait dit une voix qui lui est sacrée, c'est souvent aux jours où l'incrédulité religieuse et le cynisme des mœurs règnent avec le plus de force et d'insolence, que, par une consolante compensation, on voit paraître le plus d'ouvrages consacrés à la piété et à la défense de la religion ». (1)

Puisse cette observation être un présage ! Nous vivons dans un plein déchaînement de l'athéisme ; mais jamais il n'y eut de plus fervents chrétiens, ni de plus vaillants apologistes. Que ceci donc nous soit une espérance, à nous surtout dont la vie s'achève, et que suivent des générations au sein desquelles nous n'aurons pas vu sans attendrissement se lever et grandir des talents dignes de réparer nos défaites et peut-être nos erreurs.

LAURENTIE.

(1) Le Marquis de Valori, *Vie de Sannazar.*

www.ingramcontent.com/pod-product-compliance
Lightning Source LLC
LaVergne TN
LVHW010124060726
842524LV00005B/1724